# LA RENCONTRE

Représentée à la salle Taitbout

le 24 février 1875.

*LÉON DIERX*

# LA
# RENCONTRE

SCÈNE DRAMATIQUE, EN VERS

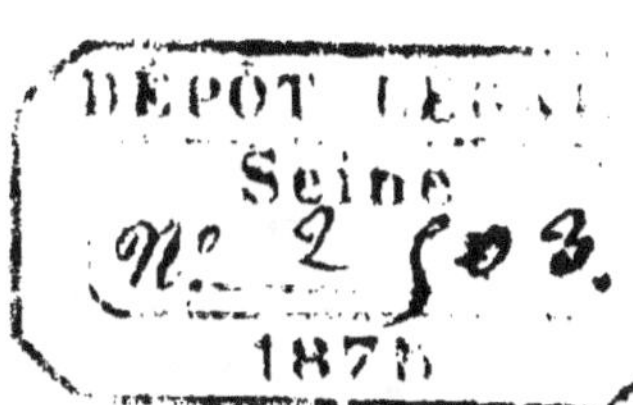



PARIS

ALPHONSE LEMERRE, ÉDITEUR

31, PASSAGE CHOISEUL, 31

M DCCC LXXV

A MON AMI

*CATULLE MENDÈS*

# PERSONNAGES.

FABIEN. . . . . . . . . . . . . . M. FRAIZIER.

TULLIA. . . . . . . . . . . . . . M^lle FAYOLLE.

# LA RENCONTRE

Le théâtre représente un parc illuminé pour une fête de nuit. Au fond on aperçoit un château aux fenêtres éclairées; des groupes passent au fond et disparaissent peu à peu. Ils ne reviennent qu'à la fin; musique lointaine par moments.

## SCÈNE PREMIÈRE.

### FABIEN.

Cette fête est fort belle, et ce parc merveilleux!
Mais rien de tout cela ne me distrait. Mes yeux
Ne savent qu'y chercher l'image de l'absente.
Le parfum d'un fantôme est le seul que je sente!

Il sort par le fond.

## SCENE II.

### TULLIA, entrant à droite.

Dieu! la chose ennuyeuse et sotte infiniment
Pour une femme au bal, que cet empressement
Autour d'elle de fats venant faire la roue!
Comme leur vanité s'étale sur leur joue!
La fade comédie et l'insipide assaut!
Mais le plus ridicule encore et le plus sot
Est l'homme qui se fait du silence un mérite,
Dans sa discrétion emphatique s'abrite,

*Elle indique d'un geste un des hommes qui passent.*

Et, vainqueur confiant qui se tient à l'écart,
Veut se faire envier de chacun, avec art!
C'est celui qui se dit mon amant! Si nous sommes
Coquettes, après tout c'est la faute des hommes!
Mais leur amour vaut-il la peine, en vérité,
Qu'on en change? L'amour par tous est récité
De la même façon, comme la jalousie!
Le même homme à nos pieds froidement s'extasie,
Et par convention débite un madrigal
A l'une comme à l'autre, avec sourire égal;
Et, trompé, se guérit par une impertinence,

Ou soufflette un rival heureux par contenance !

Même il en est encor qui n'en montrent pas tant ;

Sans honte et sans regrets ils s'en vont, emportant

Tout l'oubli qu'on fait d'eux dans leur oubli rapide,

Ayant un cœur semblable à la bouteille vide

Que le marin lassé qui s'éloigne du port

Dans le sillage au loin jette par-dessus bord !

On ne les revoit plus ! Et j'étais insensée

Quand je ne sais quel rêve à ce bal m'a poussée !

Le mieux est à coup sûr d'en rire, je le vois !

*Après un silence, en regardant les groupes s'éloigner et disparaître au fond.*

Jamais deux aveux faits sincèrement, deux voix

Où vers une âme on sente une âme qui s'élance !

Jamais le vrai serment, et jamais le silence

Où deux cœurs suspendus aux longs éclairs des yeux

Battent pour l'éternel amour qui monte aux cieux !

*Fabien reparait au fond.*

## SCÈNE III.

### TULLIA, FABIEN.

#### TULLIA.

Fabien !

**FABIEN,** sans la voir.

J'ai beau chercher ! En vain partout j'écoute !

TULLIA.

Mais il n'espère pas que j'aille à lui, sans doute !

Elle sort à droite.

# SCÈNE IV.

FABIEN, qui l'aperçoit sortir. Mouvement.

Tullia ! qui m'a vu ! Rien en elle pourtant
N'a réveillé le rêve éteint, même un instant,
Tandis que follement, moi, j'ai le cœur plein d'elle !
Elle a fui, l'infidèle à son oubli fidèle !
Elle a craint ma rencontre, et sans doute l'ennui
D'entendre un importun qui plaide encor pour lui !
O femme ! confiante en l'amour qu'elle inspire !
Moi, vouloir supplier ! non, j'aime mieux sourire !
Au milieu de la foule où tous deux, sans témoins,
Tout à l'heure, il le faut, mon visage, du moins,
Je le jure, saura lui montrer l'apparence
D'un calme qui réponde à son indifférence,
Et qui profondément vous cache tour à tour
Orgueil et lâcheté, noirs valets de l'amour !

Il s'assied sur un banc.

# SCÈNE V.

## TULLIA, FABIEN.

**TULLIA**, rentrant à droite.

Il ne m'a donc pas vue? Ou bien il me fait montre
D'un dédain par trop grand aussi pour ma rencontre!
Un peu d'attention du moins me restait dû!
C'est lui! Mais dans quel rêve à cette heure perdu?
D'une autre ou bien de moi laquelle en est la cause?
Ce n'est certes pas moi qu'il attend, je suppose!
Alors, c'est l'autre? Eh bien! il serait trop plaisant
Que j'en fusse jalouse et tremblante à présent!
L'aimerais-je aujourd'hui? Non.

**FABIEN.**

                    L'atroce folie,
Que ronger des liens où soi-même on se lie,
En creusant la rancune amère où l'on se plaît!
Tout est bien mort en elle! Et c'est l'oubli complet!
Tandis qu'en moi, malgré ma leçon fière apprise...
Ah! comme follement aussi je la méprise!
                    Il se lève et se promène avec agitation.

Elle est là-bas, qui rit peut-être à mes dépens,
Et s'apprête à me tendre un cruel guet-apens !
Allons ! qu'elle me voie ! et que l'orgueil efface
Toute émotion vile à l'instant sur ma face !

Il va pour sortir à droite. Tullia va au-devant de lui. Ils se croisent. Mouvement de Fabien qui salue avec une froideur affectée, et passe.

FABIEN, à part.

C'est elle !

TULLIA, à part.

Il a pâli !

FABIEN, à part.

J'ai failli me trahir !
Pas un seul mot !

TULLIA, à part.

Quoi ! rien ? Comment le retenir ?
Pardon, monsieur !

FABIEN, se retournant.

Madame !

A part.
O lâche ! ma voix tremble !

TULLIA.

Une femme, une amie, était là, ce me semble?
Je la cherche...

FABIEN.

Excusez, madame, je n'ai vu
Personne ici.

TULLIA.

Pourtant, tout à l'heure j'ai cru
Vous entendre appeler par quelqu'un ici-même,
Avec intention.
Pendant que nous causions avec franchise extrême,
Et je croyais...

FABIEN.

J'arrive.

TULLIA.

Et de notre entretien? ..

FABIEN.

Je n'ai, rassurez-vous, madame, entendu rien!

TULLIA, à part.

Si grande insouciance est-elle fausse ou vraie?

— Et qui vous dit, monsieur, que si fort je m'effraie?
Si ce que nous disions vous est resté secret...

FABIEN.

Sur l'honneur!

TULLIA.

Je l'apprends peut-être avec regret!
Vous m'eussiez crue alors, sans peine, j'en suis sûre.

FABIEN, à part.

O serpent! qui veut voir le trou de sa morsure!
— Vos secrets sont à vous, madame, gardez-les!

TULLIA.

Ah! si c'était de vous pourtant que je parlais?

FABIEN.

De moi? madame; en vain je cherche, et ma surprise
Est égale à l'honneur dont on me favorise!
A part.
Orgueil! plastron menteur, doublé d'horribles clous!
Mais je mourrais, mordant le fer comme les loups,
Plutôt que d'avouer ce qu'en moi je surmonte
Et nourris chaque jour de torture et de honte!
O sirène!

**TULLIA**, les yeux baissés.

J'avais grand tort, assurément,
S'il faut croire sincère un tel étonnement?

**FABIEN.**

Je n'ai sujet aucun d'avoir recours au masque !

**TULLIA**, le regardant.

Non, car à votre front l'orgueil luit comme un casque !

**FABIEN.**

Je n'ai rien à défendre !

**TULLIA**, doucement, après un silence.

Et moi, rien, n'est-ce pas,
A regagner d'un cœur si tranquille aux combats?
La première je fus d'un peu d'oubli coupable ;
Mais de tout souvenir êtes-vous incapable?
Et vous estimez-vous, en vous-même, si peu,
Pour que vous puissiez croire à mon complet adieu ?
Souvent le repentir de bien près suit la faute,
Et fait au fond de nous une place plus haute
A l'absent, dont l'image où palpite une voix

Sur le rêve trahi flotte comme un pavois !
L'amant qu'on a quitté, c'est celui que l'on pleure
Le plus, peut-être ! Ici, disais-je tout à l'heure !

FABIEN.

J'aurais lieu d'en avoir vraiment quelque fierté !

TULLIA.

Ainsi, je vois par vous mon regret insulté?
Ah ! que saurions-nous donc absoudre, si la bouche
Qui fait un tel aveu n'a plus rien qui nous touche?
Et qu'avions-nous aimé jadis, si nous gardons
Au cœur plein de remords notre cœur sans pardons?

FABIEN.

Mon incrédulité peut-elle être une offense?
Mais j'ai bien quelque droit de m'étonner, je pense,
D'on ne sait quel regret qui depuis six grands mois
S'éveille étrangement, pour la première fois.

Silence.

TULLIA, douloureusement.

Ah ! l'abîme est profond qui toujours nous sépare !
Homme ou femme, ici-bas, chacun garde en avare

Un secret pour lui seul enfoui dans son cœur,
Et comme un bouclier porte un masque moqueur!
Pour nous enorgueillir d'ironiques conquêtes
Nous nous mentons partout, séducteurs et coquettes,
Mais leur mépris pour nous vaut le nôtre pour eux,
Et la peur de l'amour fait les froids amoureux!
Qui sait? Peut-être un jour deux âmes fraternelles,
Jalouses des trésors accumulés en elles,
S'unirent par hasard en de courtes amours,
Et n'avaient qu'à s'ouvrir pour se fondre toujours!
Un jour, deux êtres faits peut-être l'un pour l'autre,
Du même Dieu chacun mystérieux apôtre,
Ont feint de se trouver, sans jamais laisser voir
Qu'ils s'en vont par le monde abritant même espoir!
Oui, l'amant dont un jour le souvenir s'envole,
Qu'un caprice appelait, et que l'on crut frivole,
Peut-être avait aussi le cœur tout embaumé
D'un amour orgueilleux, solitaire et fermé!

FABIEN, se contraignant.

Serait-ce à mon profit ce beau discours?

TULLIA.

                              Peut-être!
On se lasse et l'on part sans s'être fait connaître!

FABIEN, railleur.

Et souvent, à celui que l'on avait quitté
L'on revient par dépit, ou curiosité?

TULLIA.

Pour quelqu'un qui n'a pas perdu toute noblesse...

FABIEN.

Un oubli trop facile est un affront qui blesse!
Si peu que vous aimiez, c'est d'un mépris trop grand
Que de vous voir partir d'un œil indifférent!
Votre beauté, du moins, veut un dernier hommage!
Et l'amant qui s'en va sans regret vous outrage!

TULLIA.

Celui qui rit ainsi de son propre abandon
N'eut pas même un reproche, et n'a pas un pardon,
Indigne d'un remords, était de nous indigne,
Et mérita l'arrêt qu'on regrette, et qu'il signe!
Le premier il mentait alors à nos genoux,
Et si nous trahissons, il fut traître avant nous!

FABIEN, très-amer.

Allez! riez aussi, pour être longtemps belle!

Ce qu'il fut, ce passé, qu'un hasard vous rappelle,
Au peu qu'il en coûta pour briser autrefois
Ses chaînes, vous avez mesuré tout son poids !
Avons-nous cru jamais à nos propres paroles?
Aux encensoirs anciens d'immuables idoles?
Aux pas toujours unis dans les mêmes chemins?
Aux magiques rameaux toujours verts dans les mains?
Aux éclairs éternels? aux urnes jamais vides?
Non! qui crut aux serments seul peut croire aux perfides?
Ce souvenir, madame, est affreusement loin !
J'ai beau fouiller au fond du plus obscur recoin
De mon âme, vraiment, je n'ai pas de rancune !
Je suis sans plainte, étant sans jalousie aucune !
Le beau rêve perdu ! Vous en vouloir ! Pourquoi?
Quitté? Le grand malheur ! mais n'est-ce pas la loi?
Non! madame, cela n'a rien qui m'assombrisse !
C'est l'histoire ordinaire, et c'était le caprice
Qui se raillait lui-même en se sentant banal,
Qu'un bal avait fait naître, et qui meurt dans un bal !
Pour cela qu'avant moi se lasse une maîtresse,
Moi, sentir ma pensée ou mon âme en détresse?
Non! c'est la vieille histoire et le vieux dénoûment,
Vieux, autant que les mots si doux et le serment
Qui dans tous les baisers voltigent sur les fièvres,

Vieux, comme les aveux, les regards et les lèvres,
Vieux, autant que l'amour, ce mensonge! aussi vieux
Que l'éternel ennui qui nous tombe des cieux!

TULLIA, à part.

Il raille ; et cependant il parle sous l'étreinte
D'un mal profond!

FABIEN.

    Non, non. Riez! Je suis sans crainte,
Quand vous me révélez vos regrets et vos pleurs!
D'où viendraient vos remords ? d'où naîtraient mes douleurs?
De quel rêve trahi me parlez-vous? Quel crime
A donc soudain creusé sous ma vie un abîme,
Et réclame si tard son pardon?

TULLIA.

       Et d'où vient
L'amertume qu'en vain votre fierté contient?
Je ne la sens que trop saigner, votre blessure!

FABIEN, se redressant.

Je ne suis nullement blessé, je vous assure!
Il n'est point d'amertume en ce que je vous dis!

Nous avons échangé bien des serments jadis,
Mais de ceux que chacun en soi-même renie !
Ce fut l'amour tranquille en sa double ironie,
L'aventure ordinaire au terme si prévu,
L'union où chacun s'estime heureux, pourvu
Qu'il sente son cœur libre et fragile sa chaîne,
Et rêve sans pâlir la rupture prochaine !
On ne rompt même pas ce lien passager ;
On le laisse tomber un jour, sans y songer ;
Et l'amour de la femme aisément se rattache
A plus menteuse voix, à plus fine moustache !
Sitôt l'ennui venu, vient le nouvel amant !
Que vous reprocherais-je ? Avez-vous seulement,
Par un remords vulgaire, essayé d'un mensonge ?
Pas même une heure ! Et moi j'en souris quand j'y songe,
Car celui-là mérite à mon sens le mépris,
Qui d'un espoir brisé ramasse les débris !

TULLIA.

Amèrement aussi ce soir je vous écoute !
Et je sais mesurer à l'effort qu'il en coûte
Pour nier aujourd'hui sa richesse, un passé
Trop méconnu de moi, faussement méprisé
Par vous !

FABIEN.

C'est me montrer une foi légitime
Dans le haut prix auquel une femme s'estime!
Et je vous félicite, en toute humilité,
Pour votre clairvoyance, ou votre vanité.

TULLIA.

Vanité bien étrange alors, qui tout entière
Vient s'offrir elle-même à l'ironie altière!

FABIEN.

Comme une amorce, où luit clairement l'hameçon!

TULLIA.

Non, Fabien! comme un gage et comme une rançon!

FABIEN.

Gage? De quel espoir? Rançon? De quel reproche?

TULLIA.

Est-ce donc à plaisir qu'un cœur se fait de roche?

FABIEN.

Est-ce donc sans raison qu'un cœur froid reprend feu?

TULLIA.

Pour vous, la raillerie est-elle un si doux jeu?

FABIEN.

Pour vous, la fourberie est-elle si charmante?

TULLIA.

Ah! c'en est trop! — Pourquoi voulez-vous que je mente?

FABIEN.

Mais que voulez-vous donc me faire croire? Et vous,
Que croyez-vous vous-même, enfin?

TULLIA.

                  C'est qu'entre nous
Tout n'est pas mort, peut-être, et que tout peut revivre!
Je veux que vous croyiez au remords qui vous livre
Pour l'en purifier mon cœur sous vos mépris!
Ce que vous me cachez, Fabien, je l'ai compris
Au soin que vous prenez d'en comprimer la plainte!
Ce que je sais, ami, c'est que je suis sans feinte!
Que je lis dans vos yeux comme en votre pâleur!
Et que, transfigurée en sondant ta douleur,

Je mérite un pardon qui sera mon baptême !
Mieux, et plus qu'autrefois, Fabien, crois que je t'aime !

FABIEN, passionnément.

Tullia ! dis-tu vrai ?

TULLIA, de même.

Vois si mes yeux sont faux !

FABIEN, à part.

O femme ! ô souvenir plus tranchant qu'une faux !
Qu'elle est belle pourtant !

Haut.

Oh ! ne sois pas si belle !

TULLIA.

Oui ! belle, je le sens, d'une beauté nouvelle !

FABIEN.

Tous les parfums des bois sortent de ses cheveux !

La prenant dans ses bras et l'asseyant sur un banc.

Eh bien, apprends-le donc de moi, si tu le veux !
En vain depuis six mois je te fuis ; ton image
Me précède partout, m'attire davantage !
Oui, tu l'as deviné, je raillais en effet !

L'orgueil ment ! compagnon sanguinaire qui fait
Du mal qu'on veut guérir l'incurable supplice !
On l'appelle vengeur ! Et ce n'est qu'un complice !
Quand tu te détournas de nos frêles amours,
Je partis, l'appelant en vain à mon secours ;
Mais sans cesse à travers mes révoltes vaincues,
M'abreuvant au poison de ses pointes aiguës !
Si je me suis roidi tout à coup ce jour-là,
C'est qu'en moi tout un ciel inconnu s'écroula !
Et lorsque autour de moi je serrais ma cuirasse,
Le souvenir fouillait avec sa dent vorace
Sous les débris vivants de tous les bonheurs morts ;
Et l'enchanteur maudit les changeait en trésors,
Et je sentais partout s'enfoncer les racines
De rêves grandissants faits d'espoirs en ruines !
Oui, plus je me faisais du mépris un devoir,
Plus j'espérais, et plus je voulais te revoir !
Et je venais ici, pâle, t'aimant encore
D'un amour étouffé d'autant plus qu'il dévore,
D'un amour éveillé par son propre linceul,
Et qui, brûlant trop tard, croyait brûler tout seul !
Et de loin, te cherchant sous une ombre qui cache,

Tombant à ses genoux.

Je me faisais plus fier afin d'être plus lâche !

TULLIA, avec enthousiasme.

Ah ! sois fier cette fois, mais d'être aimé, Fabien !

FABIEN, se relevant.

Et je t'ai vue ! Alors veux-tu savoir combien
Mon cœur, plein du remords de son propre courage,
A tressailli de joie en se gonflant de rage?
Montrant d'un geste le fond du théâtre.

TULLIA.

Nous partirons bien loin! Cet homme, je le hais!
Je ne l'ai point aimé, mon Fabien! Et jamais
Je n'y penserai plus!

FABIEN, à part.

Moi, toujours !

TULLIA.

Je le jure!
Où tu voudras, demain, partons!

FABIEN, à part.

Quelle torture!

TULLIA.

Va! nous nous aimerons d'un amour jamais las!

FABIEN.

Nous aimer!

*Il se recule. — A part.*

Insensés! Entre nous deux, hélas!
Se dresse un souvenir que vainement je raille!
Entre nous deux je sens s'épaissir la muraille
Où debout sur l'oubli l'orgueil veillait, gardien
Des glaces de son cœur et des brasiers du mien!
Élans tardifs! Derrière un rempart tutélaire,
Lâches élans! dormez! Sans plainte et sans colère,
Redresse-toi sur eux, fierté dont je m'armais!
Rien ne peut plus renaître entre nous désormais!

*Se rapprochant de Tullia, qui l'a suivi des yeux avec angoisse,*
*et qui va à lui.*

Ainsi donc, vous croyez, lorsqu'un vain souffle emporte
De notre cœur un jour la rose à moitié morte,
Que rouge et chaque jour encor s'élargissant,
Elle y peut refleurir sur sa racine en sang?
Vous croyez qu'un éclair en s'éteignant dans l'âme
Peut y faire surgir un paradis en flamme?
Vous croyez qu'un refrain arrêté brusquement
Peut nous suivre la nuit comme un rugissement

Qui dans un noir ravin rebondit d'angle en angle ?
Qu'on peut faire un vautour d'un oiseau qu'on étrangle ?
Et d'un caprice un soir pour un autre oublié,
Un amour immortel, ardent, fier et souillé ?
Dites, le croyez-vous ?

TULLIA, écrasée.

Oh ! Fabien !

FABIEN, avec emportement.

Alors, dites
Lequel sait plus aimer ses souffrances maudites,
Des deux tyrans qu'on nomme orgueil et lâcheté ?
Dis-le, toi, femme, amour, perfidie et beauté ?

TULLIA, suppliante.

Grâce pour ton supplice, ô Fabien ! je t'adore !
Et l'occident de pourpre est l'envers d'une aurore
Immense ! Crois en moi, Fabien ! et pour toujours !

FABIEN, amer.

Oui, tu sais oublier, toi, femme ! Toi, tu cours
Sans qu'un baiser te laisse à toi sa cicatrice,
Comme à celui d'hier, à ton nouveau caprice !

TULLIA.

N'appelle pas ainsi mon amour d'aujourd'hui!

FABIEN.

Que sais-tu de l'amour? Ne parle pas de lui!

TULLIA.

Qu'il a soif de croyance!

FABIEN.

           Et faim d'hypocrisie!

A part.

O misérable orgueil! Qu'es-tu donc, jalousie?

TULLIA.

Je sais qu'il peut grandir sous des regards ingrats!

FABIEN, à part.

Oh! pouvoir lui rouvrir éperdûment mes bras!

TULLIA.

Je sais qu'il met en moi l'ardeur dont toi tu brûles!

FABIEN.

Tu sais qu'il meurt aussi sous des lèvres crédules
Et boit au souvenir comme on boit au Léthé!
Mais s'il renaît en vous de sa duplicité,

Crois-tu qu'il ne soit fait pour nous que de bassesse?
Non; de sa propre gloire il s'enivre sans cesse;
Et quand sa propre honte a fait son piédestal,
Il ne redescend plus à son tréteau natal!
Et, tout éclaboussé de sa cendre avilie,
L'amour peut pardonner, mais jamais il n'oublie!

TULLIA, après un court silence.

O Fabien! je comprends à présent ton orgueil!
Et, fière aussi, j'irai, muette, sous le deuil
D'un bonheur dont l'amour est le gardien farouche
Et qui nous entre au cœur en nous fermant la bouche!
Lui-même il nous sépare, ayant en moi versé
Même frisson hautain, même horreur du passé,
Élargissant en moi ta blessure profonde,
Mais en laissant en toi mon âme, morte au monde!

Elle se dirige vers la droite pour sortir.

FABIEN, suppliant, les bras vers elle.

O Tullia! pardonne à ton tour : j'étais fou!

TULLIA, après un moment d'hésitation, revenant vers lui.

Eh bien, jette-moi donc tes deux bras à mon cou!

Fabien veut s'élancer vers elle, mais il s'arrête, et ses bras ouverts
retombent comme malgré lui.

Ton amour se révolte, hélas ! contre lui-même !

Et le mien n'en sait voir qu'une preuve suprême,

Hélas ! dans cet affront cruel pour tous les deux !

Sur tes bras retombés quand j'approchais près d'eux,

Pèse de tout son poids l'idole profanée ;

Et de loin vers ta bouche à regret détournée

Une idole nouvelle et sans tache apparaît,

Qui dans tes bras fermés sur-le-champ tomberait

En poussière avec toi ! Mon âme se réveille !

Et ton amour l'a faite à ton âme pareille,

Jalouse aussi de fuir un mépris mutuel !

L'amour est maintenant pour nous deux comme un ciel,

Où dès qu'on y pénètre on en devient indigne,

Mais dont l'éclair lointain nous sacre de son signe,

Auréole saignante à toute heure, en tout lieu,

Que nous emporterons dans notre tombe ! Adieu !

Cher amant, désespoir de mon âme ravie !

Nous nous sommes trouvés trop tôt dans cette vie,

Nous nous sommes connus en ce monde trop tard !

Adieu ! regardons-nous dans un dernier regard,

Pour que toujours au loin notre image s'y dresse,

Ivre d'un souvenir d'impérissable ivresse,

Fabien, et d'un sanglot immortel !

Elle va pour sortir.

FABIEN, qui s'est laissé tomber, accablé, sur le banc.

Malheureux!

Je la laisse partir! Oh! le cœur est affreux!

Je suis seul désormais! Tullia!

Il fait quelques pas.

TULLIA, tournée vers lui.

Tu blasphèmes!

L'impossible baiser que nous fuyons nous-mêmes,

Que le vent à jamais reportera vers moi,

A jamais s'en ira de mes lèvres vers toi!

Et toujours il vivra dans notre cœur fidèle,

L'amour, qui vient d'ouvrir entre nous sa grande aile!

Elle sort lentement.

Fabien la regarde, désespéré, semble vouloir s'élancer à sa suite,
puis s'arrête, et sort précipitamment de l'autre côté.

Le rideau tombe.